PETIT
ALPHABET
DES ANIMAUX,

Édition ornée de Gravures.

A PARIS,

AU DÉPÔT DES LIVRES PUBLIÉS A MONTEREAU,
Rue des Noyers, 54

ET A MONTEREAU, CHEZ T. MORONVAL.

PETIT
ALPHABET
DES ANIMAUX,
Édition ornée de Gravures.

A PARIS,

AU DÉPOT DES LIVRES PUBLIÉS A MONTEREAU,
Rue des Noyers, 54;

ET A MONTEREAU, CHEZ T. MORONVAL.

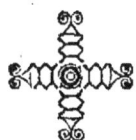

ABCDEFGHIJKL
MNOPQRSTUVXYZ
ÆŒWÇÉÈÊ

abcdefghijklmn
opqrstuvxyzæœwçéèê

CHIFFRES.

1234567890

MAJUSCULES OMBRÉES.

ABCDEFGHIJKLM
NOPQRSTUVXYZ
ÆOEWÇÉÈÊ

VOYELLES.

a e i o u y.

CONSONNES.

b c d f g h j k l m n p q r s t v x z

ba	be	bé	bi	bo	bu
ca	ce	cé	ci	co	cu
ka	ke	ké	ki	ko	ku
da	de	dé	di	do	du
fa	fe	fé	fi	fo	fu
pha	phe	phé	phi	pho	phu
ga	ge	gé	gi	go	gu
ha	he	hé	hi	ho	hu
ja	je	jé	ji	jo	ju
la	le	lé	li	lo	lu
ma	me	mé	mi	mo	mu
na	ne	né	ni	no	nu

pa	pe	pé	pi	po	pu
qua	que	qué	qui	quo	quu
ra	re	ré	ri	ro	ru
sa	se	sé	si	so	su
ta	te	té	ti	to	tu
va	ve	vé	vi	vo	vu
xa	xe	xé	xi	xo	xu
za	ze	zé	zi	zo	zu
bla	ble	blé	bli	blo	blu
bra	bre	bré	bri	bro	bru
cla	cle	clé	cli	clo	clu
cra	cre	cré	cri	cro	cru
dra	dre	dré	dri	dro	dru
fra	fre	fré	fri	fro	fru
phra	phre	phré	phri	phro	phru
fla	fle	flé	fli	flo	flu
phla	phle	phlé	phli	phlo	phlu

gra	gre	gré	gri	gro	gru
gla	gle	glé	gli	glo	glu
pla	ple	plé	pli	plo	plu
pra	pre	pré	pri	pro	pru
spa	spe	spé	spi	spo	spu
sta	ste	sté	sti	sto	stu
tla	tle	tlé	tli	tlo	tlu
tra	tre	tré	tri	tro	tru
vra	vre	vré	vri	vro	vru

L'ANE.

L'âne est un animal domestique qui serait pour nous le plus
beau et le plus utile s'il n'y avait
point de chevaux. Il est de son
naturel aussi humble, aussi pa-
tient, aussi tranquille, que le
cheval est fier, ardent, impé-
tueux. L'âne est très-utile à l'ha-
bitant des campagnes.

LE CHEVAL.

Aussi intrépide que son maître, le cheval voit le péril et l'affronte. Il se fait au bruit des armes; il l'aime, il le cherche; il partage les plaisirs de la chasse, des tournois et des courses; sa docilité égale son courage.

LE CHAMEAU.

Le chameau rend peut-être autant de services que le cheval, l'âne et le bœuf réunis. Cet animal est capable de demeurer chargé pendant trente et quarante jours, et d'en passer huit ou dix sans boire ni sans manger. Il est originaire d'Arabie.

LE CHIEN.

Il fallait à l'homme ce compa-
gnon fidèle, pour soumettre les
animaux plus agiles et plus forts
que lui qui l'environnent. Outre
la force, la vitesse et la légè-
reté, le chien a par excellence
toutes les qualités intérieures
qui peuvent fixer les regards de
l'homme.

LE CHAT.

Le chat est un domestique
infidèle, qu'on ne garde que pour
détruire les rats et les souris.
Les jeunes chats sont gais, vifs,
jolis, et seraient très-propres à
amuser les enfans, si les coups
de pattes n'étaient pas à crain-
dre, car leur badinage, quoique
agréable et léger, n'est jamais
innocent.

L'ÉLÉPHANT.

L'éléphant est le plus grand des quadrupèdes. Il est généralement répandu dans toutes les contrées méridionales de l'Afrique et de l'Asie. Sa mesure ordinaire est de neuf à dix pieds de long sur onze ou douze de hauteur.

LE LION.

Le lion est le plus fort et le plus terrible des animaux. Une longue et rude crinière, qui devient plus belle avec l'âge, ombrage sa tête et son cou. Pris jeune, il peut s'apprivoiser et même s'attacher à ceux qui le soignent. Le lion n'attaque que par nécessité.

LE BOEUF.

L'homme est parvenu à faire partager au bœuf les travaux pénibles de la campagne : sa marche est pesante, mais il résiste à la fatigue : sa force est dans sa tête et dans les muscles vigoureux de ses épaules. On ne l'emploie point à porter des fardeaux, mais il est excellent pour le tirage.

LE LOUP.

Le loup est un animal des bois, et serait redoutable s'il avait autant de courage que de force; mais il faut qu'il soit pressé par la faim pour qu'il s'expose au danger. Quelquefois le besoin lui inspire des ruses; mais lorsqu'elles ne réussissent pas, il meurt de faim et souvent enragé.

LA GIRAFFE.

Ce quadrupède a la tête et le col semblables à ceux du chameau, et le dos tacheté à la manière des léopards. Cet animal est doux à gouverner.

MONTEREAU. — IMPRIMERIE DE T. MORONVAL.